TABLEAU II, SCÈNE VII.

LE PUFF,

REVUE EN TROIS TABLEAUX,

par MM. Carmouche, Varin et Huart,

ORNÉE DE

RUY-BLAG,

Parodie en prose rimée de *RUY-BLAS*,

REPRÉSENTÉE POUR LA PREMIÈRE FOIS, A PARIS, SUR LE THÉATRE DES VARIÉTÉS, LE 31 DÉCEMBRE 1838.

PERSONNAGES.	ACTEURS.	PERSONNAGES.	ACTEURS.
LE PUFF.	M. Prosper.	LA VÉRITÉ.	Mlle Maria.
L'ANNONCE.	M. Hyacinthe.	LA RECLAME.	
RUY-BLAG.	M. Odry.	LA REINE D'ESPAGNE. }	Mlle Flore.
L'INGENIEUX. }		LA BLAGUE.	Mme Alberty.
DON SALLUSTE. }	M. Villars.	PEAU-D'ANE.	Mlle Clara.
ROBERT LE DIABLE.		BABEL.	Mlle Esther.
LE SONNEUR DE SAINT-PAUL. }		LADY MELVIL.	Mme Jolivet.
AMANY, }	M. Gabriel.	LA DUEGNE.	Mme Vautrin.
LE GEANT. }		MARSEILLE.	Mlle Esther.
LE BRASSEUR DE PRESTON. }	M. Lionel.	BORDEAUX.	Mme Jolivet.
LE MONTAGNARD. }		ROUEN.	Mme Alberty.
L'INVALIDE.	M. Rébard.	STRASBOURG.	Mlle Clara.
RACINE.	M. Dossert.	LA CHARGE.	Mme Clément.
RAMALINGAM.	M. Edouard.	Ouvriers, Ouvrières.	

Premier Tableau.

Le théâtre représente un jardin. Au milieu, au fond, est un puits surmonté d'un arceau doré. D'un côté, est une grande cabane pour recevoir des dogues énormes.

SCENE PREMIERE.

Au lever du rideau, on voit des fleuristes qui tressent des couronnes de fleurs. Des garçons imprimeurs sont devant une casse, et composent des articles de journaux. Des ouvriers sont devant une machine à balancier, et frappent des médailles.

CHOEUR.

Air: *Introduction de Lady Melvil.*

Fabriquons, frappons,

* Cette parodie est arrangée de façon à former *une pièce à part* pour les théâtres de province qui voudraient la représenter.

Il faut satisfaire aux commandes,
Frappons et tressons
Couronnes et guirlandes ;
Frappons, faisons du fracas ;   (bis)
Il faut faire de l'embarras.

L'IMPRIMEUR.

Qu'est-ce que tu fais donc, Titi ?

L'OUVRIER FRAPPEUR.

Air *de la Monaco.*

Tu ne vois pas, Coco,
Que j' frappe des médailles ;
Je fais, mon Coco,
Comme le roi d' Monaco...

L'IMPRIMEUR.

Ah ! oui, ce grand monarque qui a une armée composée de deux gardes champêtres.

LE FRAPPEUR.

Eh ! oui... il n'avait pas de monnaie, faute de grosses pièces... et pour avoir des écus, il s'est mis à faire des gros sous... Ça fait qu'à présent son image est partout, excepté dans ma poche.

L'IMPRIMEUR.

Est-ce que le bourgeois espère nous couler cet argent ?... C'est que ça ne passerait pas.

LE FRAPPEUR.

Ces médailles d'encouragement... c'est pour donner à tous les inventeurs des procédés ou découvertes les plus dignes de la grande maison de commerce du Puff.

TOUS.

Ah ! ah !

LE FRAPPEUR.

Il y en aura pour les inventeurs, les novateurs, les producteurs, propagateurs, colporteurs... un tas de farceurs, de bambocheurs, de floueurs !...

L'IMPRIMEUR.

Enfin pour les meilleurs blagueurs... Il en faudra pour diablement de monde !...

LE FRAPPEUR.

L'idée lui en est venue depuis la médaille du fameux Caligula... Mais les nôtres feront plus de bruit... Et puis, ce n'est pas tout, à ceux qui auront trouvé le plus gros puff, la meilleure attrape de l'année, le bourgeois donnera ses filles.

L'IMPRIMEUR.

Mesdemoiselles La Blague et La Réclame ?

LE FRAPPEUR.

Deux bonnes espiègles !... Quelle est donc l'aînée ?

L'IMPRIMEUR.

C'est La Blague... La Réclame n'est venue que bien des années après ; elle est toute jeune encore... mais ça fera un joli sujet... Elle s'est joliment poussée dans le monde... Mais, chut ! la voici !...

SCENE II.

LES MÊMES, LA RÉCLAME, *en costume qui figure une robe fond blanc imprimée, avec des titres de journaux au lieu de fleurs. On lit les noms des journaux, et les mots :* ANNONCES, PROSPECTUS.

LA RÉCLAME.

Air : *Je suis la bohémienne (Grisar).*

Je suis la petit' réclame,
Le soutien des journaux ;
Dans Paris je proclame
Tous les succès nouveaux.
Je me montre gracieuse
Je n'ai rien de caché...
Caressante et flatteuse,
Le tout à bon marché.
Jamais je ne rechigne,
Je débite partout
La gloire à tant la ligne,
Et j'en fais pour dix sous.
De bien des Aristarques
Je trahis les remarques ;
Je dis dans mes p'tits mots
Que tout est sans défauts

Dans le haut de mes pages,
Je vante des ouvrages
Qui sont mauvais, dit-on,
Plus bas dans l' feuilleton.
Trouvant tout's choses bonnes,
Je soutiens les colonnes
De plus d'un grand journal,
Je suis le piédestal.
D'argent jamais je n' manque...
Travaillez, ouvriers !...
En bons billets de banque
Se chang'nt mes p'tits papiers.

LE CHŒUR.

L'argent jamais ne manque...
Travaillons, ouvriers !...
Oui, c'est d'la bonne banque,
Tous ces petits papiers.

LA RÉCLAME.

Allons, mes amis, du courage... imprimez vite ces annonces... Mes réclames marchent-elles ?... Voyons... (*Elle lit.*) « Le fameux Puff ne saurait » trop recommander à toutes les personnes de » Paris et de la province le grand concours qui » aura lieu dans son palais. Les deux premiers » prix consisteront dans la main de ses deux » filles... »

L'IMPRIMEUR.

La Blague et La Réclame...

LA RÉCLAME, *continuant.*

« Elles sont charmantes, bien élevées, possé- » dant une foule de langues, sachant toutes les » danses autorisées par les lois et les gardes mu- » nicipaux... Elles recevront chacune une dot de » quatre cents millions trente-deux francs cin- » quante centimes, et de plus leurs maris auront » droit à trois cent soixante-cinq mille lignes

» d'annonces par année, et recevront deux vo-
» lumes à leur choix dans le *Magasin des Enfans*,
» et une nouvelle publication de *la Cuisinière*
» *Bourgeoise*, en édition pittoresque, illustrée par
» les meilleurs graveurs anglais, et ornée de dix-
» huit planches de cuisine, avec une table. » (*On
entend une fanfare de trompettes.*) Ah! voilà papa
Puff!...

SCÈNE III.

Les Mêmes, LE PUFF; *son costume est celui d'un
charlatan très-riche : deux montres, des bagues
à tous les doigts, habit jaune galonné, perruque
et lorgnon, etc.* LA BLAGUE, *vêtue en costume
de jeune fille de fiancée, couverte de fleurs
d'oranger.*

Air : *Le Sultan Mysapouf.*

CHOEUR.

Honneur au seigneur Puff,
Qui descend
Du fameux sultan
Mysapouf
Et des fameux barons de Wormspire!
Honneur au seigneur Puff, etc.

LE PUFF.

Je suis le Puff
Que l'on admire;
Je suis le fils de Mysapouf.

Reprise du chœur.

LE PUFF.

Bien, bien, mes enfans!... je suis content... Je
vois que le Puff, le roi des banquistes, le grand
entrepreneur des macairismes, des succès, floue-
ries... et cætera, est toujours bien reçu par ses
bons Parisiens et dans son fidèle quartier de la
Bourse... Venez, ma fille aînée... ma chère Blague!... Et toi, mon admirable Réclame, toi, la
plus belle partie de la création, tu es mon plus
bel ouvrage... Venez, innocens imprimeurs, nobles
descendans du brave Guttemberg, le premier inventeur de la presse... vous êtes tous les fidèles
enfans du Puff!

TOUS.

Vive...

LE PUFF.

C'est inutile... mes amis! croyez-en ma vieille
expérience, les Puffs auront du mal, mais ils ne
périront jamais! Petit à petit ils ont déjà fait bien
du chemin!

Air : *Le premier pas.*

Le premier puff
Fit peu d' bruit à la ronde...
Un peu d'esbrouff
Suivit le second Pouff!...
Mais, depuis lors, la race en fut féconde,
Et l'on verra même à la fin du monde
Un dernier Puff!

LA RÉCLAME.

J'espère bien en procréer bon nombre!

LA BLAGUE.

Oui, papa, nous vous promettons de faire beaucoup d'enfans.

LE PUFF.

Je connais vos dispositions à cet égard, et j'y
compte. Or çà, écoutez-moi, tous et toutes : vous
avez entendu parler dans les temps de mes nombreux démêlés avec une petite créature nommée
la Vérité... vous le savez, c'était une intrigante!
une hâbleuse!

LA RÉCLAME.

Fi donc! fort grossière.

LE PUFF.

Lorsque le Puff eut fait une invasion dans ses
propres domaines, qu'elle lui avait usurpés...
vous savez qu'il fut conclu une trêve avec elle, et
stipulé dans de nombreux protocoles qu'elle me
laisserait tranquille, et que, si, avant minuit de
la Saint-Sylvestre, présente année, elle n'avait pu
me renvoyer de mes propriétés, elle renoncerait
à toutes nouvelles poursuites et à toutes pré-
tentions de jamais venir frotter le bout de son
nez...

LA RÉCLAME.

Contre le vôtre? oui, papa.

LE PUFF.

Alors, demain, ç'a été convenu, on lui fera une
pension viagère de trois cents francs... ce sera
payer assez cher une vérité si désagréable, et elle
aura le droit de se faire maîtresse d'école pour
apprendre aux enfans l'*a b c d*, et 2 et 2 font 4,
seulement! sans pouvoir passer plus loin l'étude
des choses vraies et des sciences exactes.

LA BLAGUE.

C'est encore trop beau pour la drôlesse... à votre
place, je lui aurais interdit la parole.

LE PUFF.

Non, non! Je veux être généreux!... d'ailleurs
cette journée est la dernière de l'année... on n'a
pas entendu parler d'elle, et tout me donne la
douce espérance que cette langue de vipère n'existe
plus.

TOUS, *avec joie.*

Vraiment?

LE PUFF.

Oui, mes enfans, oui... Elle doit être morte
faute d'alimens. Les uns prétendent qu'elle a
rendu le dernier soupir à Paris, dans les bras
d'une chanteuse qui n'a jamais rien dit de juste;
d'autres, qu'on l'a trouvée expirante sur les de-
grés de la chambre du tribunal de police correc-
tionnelle; mais c'est fort invraisemblable. Ceux qui
paraissent le mieux informés affirment qu'elle est
morte sur les rivages de la Garonne, entre les
bras d'un arracheur de dents!

TOUS.

Ah! quel bonheur!

LE PUFF.

Ainsi donc, criez : Noël... que tout se prépare
pour célébrer mon triomphe.

LES CHŒURS *sortent en chantant.*

L'orchestre joue l'air : Tu n'auras pas, p'tit polisson, *qui s'enchaîne avec celui :* Venez, venez à mon secours.

LE PUFF.

Avez-vous entendu ?

LA RÉCLAME.

Oui, c'est quelqu'un qui gémit.

LA BLAGUE.

Le boulanger, peut-être.

LA RÉCLAME.

Non, papa, c'est une pauvre créature.

LA BLAGUE.

Elle a faim sans doute... c'est une vieille sans dents.

LA RÉCLAME.

Je réclame pour elle.

LE PUFF.

Si elle est sans dents, q 'on la secoure... elle ne mangera pas beaucoup.

SCÈNE IV.

LES MÊMES, LA VÉRITÉ, *vêtue comme une vieille mendiante du moyen âge avec des lambeaux et s'appuyant sur un bâton blanc.*

AIR : *Un moment de peine.*

Je marche avec peine,
Hélas ! je me traîne ;
Veuillez m'accueillir
Et me secourir !
Partout on me chasse,...
Je supplie en vain
Ah ! dans ma disgrâce
Tendez-moi la main !

LA BLAGUE.

Asseyez-vous, la vieille !

On va chercher une chaise.

LA VÉRITÉ, *à part.*

AIR : *Avec les arts, etc.* (de la Vieille).

Du monde j'étais souveraine,
Dans le bon temps de l'âge d'or !...
Pour me détrôner, pauvre reine,
Le mensonge a pris son essor...
A vivre j'ai bien de la peine,
Mais cependant j'existe encor...
Et ne veux pas mourir encor !...
De tous lieux en France on m'exile ;
Plus de flambeaux, de miroir, ni d'asile...
La corruption marche d'un pas agile...
Pour seul appui j'ai ce bâton fragile...
Siècle trompeur, qui voit la vérité
Réduite à la mendicité !
Au Public.
Oui, vous voyez la pauvre vérité
Réduite à la mendicité !

LA BLAGUE.

Tenez, bonne femme, prenez ce petit pain provençal.

LA VÉRITÉ, *à part.*

Dieux, appeler provençal un pain fabriqué dans la rue Feydeau, et par un pâtissier !

LA BLAGUE.

Voulez-vous un petit verre de vin pur ?

LA VÉRITÉ, *à mi-voix.*

Appeler pur du vin de la société œnophile ! (*Haut.*) Merci !

LA RÉCLAME.

Tenez, voilà un sou, et laissez-nous tranquilles.

LA VÉRITÉ.

Un sou.. vous êtes bien généreuse... mais, dites-moi donc, n'est-ce pas un jeton, il a l'air d'être faux.

LE PUFF.

Vous lui donnez une pièce de ma fabrique... une médaille d'encouragement à la misère ! Bien ! bien ! ô mes filles, vous êtes bien mes enfans !

LA VÉRITÉ.

Vous ne savez donc pas que tout ce qui est faux me fait un mal... oh ! oh !

LE PUFF, *à mi-voix, après l'avoir examinée avec défiance.*

Mes filles, j'ai d'affreux soupçons !

LA RÉCLAME, *de même.*

Et moi, papa !... j'ai des frissons !... dissimulez.

LE PUFF.

Dissimulons !... Je crois bien que c'est elle... (*Haut.*) Voyons, vieille sans dents, quoique vous soyez très-mordante... vous me faites l'effet d'une sorcière... voyons... mon horoscope pour l'année prochaine !

LA VÉRITÉ.

Faut-il vous parler franchement ? c'est que je n'ai pas deux manières.

J'appelle un chat un chat,...

LE PUFF.

Oh ! ceci m'est égal, je m'intéresse peu à ce quadrupède.

LA VÉRITÉ.

J'appelle un chat, un chat, et le Puff un fripon !

LE PUFF, *saisi et tremblant.*

Dieu ! c'est la vérité !

LA VÉRITÉ, *jetant sa robe, paraît mieux vêtue.*

AIR du *Château de mon oncle.*

Oui, je suis la Vérité ;
A mon aspect redouté,
Grand trompeur ! grand escroc ! te voilà tout bébété !
Ah ! tu ne m'attendais pas,
Tu comptais sur mon trépas :
C'est à toi de trembler,
Me voici, je vais parler !
Oui, d'une voix claire,
Il faut que j'éclaire
Les badauds étonnés
Que vous menez
Par le nez.
Avoués, notaires,

Bureaux, actionnaires,
Et marchés et traités,
Ah! comme ils seront traités!
Je dirai tes passe-droits,
Tes faveurs pour les emplois,
Tes intrus,
Tes abus,
Grâce à moi seront connus!
Sous l'éclat de mon miroir,
Ton règne finit ce soir,
Car tu sais que ma voix
Atteint les trônes des rois!
Le faux
Des gazettes,
Le faux
Des recettes,
Seront tous calculés,
Et chaque jour dévoilés...
Du charlatanisme
Et du magnétisme
Dans Paris mon flambeau
Fera brûler le bandeau!
Des dépenses
Le passif
Et des finances
L'actif,
Le tarif
Trop fictif
Aura mon coup de canif ;
Scandales
Des tribunaux
Et cabales
Des journaux
Attaqués,
Démasqués,
De mon doigt seront marqués!
J'en dirai sur les bravaches,
Sur les commis à moustaches,
Sur les vertus à panaches...
Pour moi, quels sujets!
Sur la pâte pectorale,
Le théâtre et la morale,
La réforme électorale,
Et les budgets!
Je dirai tous les secrets
Des procès,
Et des succès,
Des corsets,
Des ballets
Et même des faux mollets,
Je dirai que des beaux-arts
Les temples sont des bazars,
Les auteurs des bavards,
Et les lecteurs des Jobards!

ENSEMBLE..

Car je suis la Vérité, etc., etc.

LES AUTRES

Quelle affreuse vérité!
A son aspect redouté,
Le Puff est aujourd'hui vraiment épouvanté ;
Car on ne l'attendait pas,
Je comptais sur son trépas,
Mais, au lieu de trembler,
Empêchons-la de parler.

LE PUFF.

Alerte! au secours!...

LES DEUX FILLES.

A la garde!

SCENE V.

LES MÊMES, TOUS LES SERVITEURS DU PUFF.

CHOEUR.

AIR : *Victoire! victoire! victoire!*

Alarme! (*bis.*)
En armes ;
Nous accourons, nous voici tous.

LE PUFF *et* SES FILLES.

Gendarmes! (*ter.*)
Défendez-nous!

LE PUFF.

Amis, cette exécrable femme, la Vérité, cette affreuse intrigante, notre implacable ennemie, a osé reparaître.

LES OUVRIERS.

Où est-elle?

LE PUFF.

Là, cette petite... et elle m'en a dit de très-grosses. Elle a osé menacer notre empire; il y va de votre existence à tous... Je la condamne à perpétuité.

LES OUVRIERS.

A quoi?

LE PUFF.

La Vérité a, dit-on, été long-temps au fond d'un puits; eh bien, vous connaissez tous cette fameuse mine de charbon qui a fait fumer tant de monde, quand elle a été inventée...

AIR : *Ces Postillons sont d'une maladresse.*

Voilà ce puits... vite, qu'on l'y dépêche,

LA VÉRITÉ.

Comment, ô ciel! jamais m'en retirer?

LE PUFF.

J'ai mes motifs, je la mets à la fraîche
Pour que jamais ell' ne puiss' transpirer!
La vérité ne doit plus transpirer.

LA VÉRITÉ.

Supplice affreux!...

LE PUFF.

Ta peine est prononcée.
Saisissez-la! qu'on la jette soudain,
Pour qu'à jamais elle soit enfoncée,
Dans l' puits de Saint-Pétrin!

CHOEUR, *pendant lequel on la saisit et on la jette dans le puits.*

ENSEMBLE.

AIR *du Chalet.*

Dans ce puits-là qu'on la plonge!
Enfonçons la Vérité,
Pour assurer au mensonge
Bonheur et prospérité.

LA VÉRITÉ.

Ah! c'est trop de cruauté!
Se peut-il que l'on me plonge
Dans ce gouffre du mensonge
Quelle horrible atrocité

SCENE VI.

LES MÊMES, *moins* LA VÉRITÉ.

LE PUFF.

Ah! mes enfans, nous venons de l'échapper belle! j'en suis tout ébouriffé.

Il tire son mouchoir.

LES FILLES.

Seigneur, remettez-vous d'une alarme si chaude.

LE PUFF.

Oui, mes amis, vous vivez sous un maître ennemi de la fraude! je puis dire cela entre nous. (*Il leur prend les mains.*) L'heure doit être arrivée où les nombreux concurrens vont venir...

L'IMPRIMEUR.

Seigneur, il y en a déjà plusieurs qui font antichambre.

LE PUFF.

Tu nous serviras d'huissier. Va changer d'habits... tu te nommeras l'Annonce.

L'IMPRIMEUR.

Convenu! je m'appelle l'Annonce, et je serai l'introducteur des Puffs.

Il sort.

LE PUFF.

Vous, mes filles, recevez-les d'abord, et faites-les passer dans la salle du comité. Moi, après cette scène avec la Vérité, j'ai besoin d'aller faire un tour à la Bourse... cela me remettra dans mon assiette.

Il sort en se pavanant et en s'éventant avec son mouchoir.

LA BLAGUE.

Allons, mademoiselle la Réclame, asseyez-vous, et voyons bien si dans les prétendans qui vont paraître nous trouverons l'objet de notre préférence.

LA RÉCLAME.

Oui, examinons bien; et vous, mademoiselle la Blague, ne parlez pas trop, pour ne pas les intimider.

Deuxième Tableau.

Même décoration.

SCENE PREMIERE.

LA RÉCLAME, LA BLAGUE, L'ANNONCE, *reparaissant en costume de paillasse.*

L'ANNONCE.

Là! j'ai mis mon habit de parade! Mesdemoiselles, voici les inventions nouvelles qui se disputent pour entrer. Laissez passer le monde!

L'INGÉNIEUX, *entrant, suivi d'un petit garçon qui porte divers effets.*

Là! restez là... Place, s'il vous plaît! Mesdames, mille hommages! Vous voyez Nicolas-Prosper l'Ingénieux, le véritable représentant de l'industrie la plus avancée, l'homme de France qui a le plus de procédés.

LA RÉCLAME.

Prenez donc garde, vous me marchez sur les pieds.

L'INGÉNIEUX.

Oh! mille pardons! vous avez, selon la clameur publique, le noble dessein de récompenser les inventions les plus sublimes, et je vais en être l'organe, d'après le désir de mes commettans! je vais les soumettre à vos regards appréciateurs... Puissent-elles avoir les suffrages de la beauté!

(*S'avançant avec un chapeau à la main.*) Le chapeau-modèle et imbéroléofuge et le chapeau hydroléifuge.

LA RÉCLAME.

Quel diable de nom! il paraît qu'il faut savoir le grec pour aller chez son chapelier.

L'INGÉNIEUX.

Aristote en parle dans son chapitre des chapeaux.

AIR: *Lise épouse le beau Germance.*

C'est pour cacher, je le pense,
La double protubérance
Qui pousse sur l'os frontal
Dans le malheur conjugal!

L'INGÉNIEUX.

Notre art, qui n'a point de bornes,
N'a pas de secrets si beaux :
On a supprimé les cornes,

LA RÉCLAME.
Seulement dans les chapeaux.

L'INGÉNIEUX.

Le chapeau hydroléifuge, imbéroléofuge, est un abri contre le déluge... Apportez la carafe... (*Le petit garçon l'apporte, il verse de l'eau dans son chapeau.*) Mesdames, voilà la preuve qu'il ne peut pas prendre l'eau. Dans le jour, il vous couvre, et la nuit il éclaire.

LES AUTRES.

Comment?

L'INGÉNIEUX.

Oui... n'avez-vous point de lumière? la plupart des jeunes gens pensent à autre chose, en se couchant, qu'à une veilleuse de nuit : eh bien ! mon chapeau peut leur en servir... vous le voyez. (*Il y met une veilleuse.*) N'avez-vous point de sceau, avec ce chapeau, vous pouvez aller à la fontaine. Le feu vient-il à éclater dans une maison, on appelle ses voisins ; là première chose qu'ils font, c'est de prendre leurs chapeaux pour se sauver... pas du tout, avec ces chapeaux, ils peuvent faire la chaîne jusqu'à la pompe, et vous éteignez un incendie sans avoir l'ennui d'aller réveiller les pompiers... Admirable! je me mets sur les rangs pour avoir un premier prix.

LA RÉCLAME.

On verra... A un autre!

L'INGÉNIEUX.

Ce n'est pas tout. Je suis aussi l'inventeur des diligences à six roues.

LA RÉCLAME.

Ça servira comme une cinquième roue à un carrosse.

L'INGÉNIEUX.

Erreur! mille accidens ont lieu parce qu'une roue de la voiture se casse quand vous êtes en voyage... si cela m'arrive, je ne crains rien ; il peut s'en casser une, je m'en moque... il peut s'en casser deux, je m'en fiche... il peut s'en casser trois, je m'en f...iche encore, il en reste toujours assez. C'est merveilleux! ma voiture est faite pour renverser toutes les autres, pour écraser tout le monde! voulez-vous que je la fasse entrer ?

LA RÉCLAME.

Du tout! du tout! c'est inutile; convenu que c'est écrasant... ça suffit.

L'INGÉNIEUX.

Je ne vous parlerai pas de quelques milliers d'autres inventions, des parapluies à mécanique, de l'orfévrerie en argent allemand, des savons sans suif, des bougies sans cire, des pommades, des cosmétiques, des pectoraux pour le rhume, des poudres odontalgiques pour guérir les maux de dents de ceux qui n'ont rien.

LA RÉCLAME.

Qui n'ont point de maux ?

L'INGÉNIEUX.

Mais non...

LA RÉCLAME.

Ah ! qui n'ont pas de dents!

L'INGÉNIEUX.

Non, qui n'ont pas le sou ! rue de Richelieu... telle est la tendance du moment... il faut que

tout ce qui s'achète devienne à rien ! à rien, c'est une des exigences de l'époque!

AIR : *J'ai pitié de votre faiblesse.*

Du commerce et de sa puissance
Les jours de gloire sont enfuis ;
Par la vapeur la concurrence
Peut centupler tous les produits;
De jour en jour tous les prix sont réduits,
Avec fureur à la baisse on s'exerce ;
Nous y poussons... c'est là notre besoin ,
Et l'industrie ira si loin,
Qu'on verra tomber le commerce.

Je demanderai le grand prix pour cela. Autre invention gigantesque... Apporte mon tuyau. (*On le lui présente par le trou du souffleur.*) Ah! le voilà; le télégraphe acoustique, vous comprenez : des tuyaux souterrains qui correspondent à vingt lieues, cent lieues, deux mille lieues, à la volonté des personnes... de tuyaux en tuyaux, on pourrait causer avec l'empereur de la Chine, il ne s'agit que d'avoir l'embouchure comme pour jouer de la flûte.

LA BLAGUE.

Et puis, de savoir la langue.

L'INGÉNIEUX.

Inutile, au moyen des truchemens! avec ce moyen-là jamais de nouvelles en l'air... malgré les nuages, les brouillards, plus rien de trouble, la politique devient claire.

LA BLAGUE.

Alors, adieu la diplomatie.

L'INGÉNIEUX.

Vous concevez, les souverains pourraient arranger eux-mêmes leurs affaires : le roi de Belgique et le roi de Hollande pourraient causer comme une paire d'amis... alors, ils trouveraient peut-être moyen de s'entendre. Tenez, vous allez voir, voilà l'effet... j'ai fait ce petit essai : l'autre bout communique à Charenton, dans une maison où logent deux de mes amis; je vais leur parler à l'oreille. (*Il parle dans le tuyau.*) « Bonjour, mon » cher, comment vous portez-vous? » (*On lui répond dans le lointain avec un porte-voix, sur le théâtre :* « Merci, ça va bien, et vous? ») Hein! quelle façon admirable de parler!... Maintenant à l'autre... un nouveau marié : « Eh ben, mon vieux, et ta femme, » comment se porte-t-elle? »

UNE VOIX.

« Tu m'embêtes. »

L'INGÉNIEUX.

Mon télégraphe est à cent piques au-dessus de tous les autres... A présent, faites avancer ma muraille.

LA RÉCLAME.

Vous faites marcher les murs?

L'INGÉNIEUX.

Parbleu! certainement: il faut que tout marche,

puisqu'on dit que le sièc e marche; nouveau système d'affichage.

Un pan de mur s'avance couvert d'affiches burlesques, telles que : BIBERONS D'ARDO; L'EMBONPOINT, SES CAUSES ET SES EFFETS.

L'INGÉNIEUX.

Voilà ! vous sentez tout de suite quel avantage. Mes affiches sont là p antées pour la vie du monde; à bas la colle !

LA BLAGUE.

Ça fera crier.

L'INGÉNIEUX.

Qui ça?

LA RÉCLAME.

D'abord les colleurs, et notamment le corps des chiffonniers.

L'INGÉNIEUX.

Ce n'est pas eux qui nous accrocheront. Quels progrès! les murs ont remplacé les cent voix de la renommée.

AIR : *Ce boudoir est mon Parnasse.*

Les murs avaient des oreilles,
Ils avaient, dit-on, des yeux,
Ils ont un' bouche... ô merveilles !
Ils parlent, c'est cent fois mieux !
Malgré critiques et blâmes,
Ils n' tomberont pas, c'est sûr;
Et les journaux, les réclames
Seront mis au pied du mur !

LA RÉCLAME.

Ah! mais dites donc, vous jetez des pierres dans mon jardin !

L'INGÉNIEUX.

Je réclame un prix pour mes célèbres statuettes. A moi, rapins !

LA RÉCLAME.

Ah! ces petits bustes si drôles qui font la grimace à tous les passans à travers les carreaux des magasins... mais pourquoi les faire si laids ?

L'INGÉNIEUX.

Parce qu'ils ne sont pas beaux; nous sommes dans le siècle des génies monstres.

LA BLAGUE.

Et quand aurez-vous terminé votre collection ?

L'INGÉNIEUX.

Jamais! chaque fois que je rencontre une bonne balle, je m'en empare et j'en fais une en plâtre.

LA RÉCLAME.

Si ça continue, vous ne saurez bientôt plus où loger vos originaux !

L'INGÉNIEUX.

Oh! ça ne m'inquiète pas!

AIR *de Turenne.*

J'aurai toujours assez de place.
J'agis avec eux sans façon.
Pour des héros de cette classe,
Je n'aurai pas besoin du Panthéon,
Je supprime le Panthéon.
Ce monument n'est point à leur usage,
Et je loge sans embarras
Dans l' passag' des Panoramas
Tous ces grands hommes de passage.

Maintenant je réclame un dernier prix pour mes embellissemens de Paris... à moi les embellissemens!

SCÈNE II.

LES MÊMES, L'INVALIDE, *portant à la main un pavé surmonté d'un lampion.*

L'INVALIDE.

Voilà, notre bourgeois !

L'INGÉNIEUX.

Que diable fais-tu à la porte?

L'INVALIDE.

C'est que j'avais vu z'un trou, et comme je croyais que c'était pour celui-là que vous m'aviez amené, je m'étais assis contre avec mon lampion!

LA RÉCLAME, *qui l'a lorgné.*

Comment, farceur, vous appelez ça un embellissement?

L'INGÉNIEUX.

Je n'en connais pas d'autres! des trous, des tas de pierres, un invalide et un lampion... c'est ainsi que commencent tous les monumens qui ne finissent pas !

L'INVALIDE.

Voilà nombre d'années que je contribue à embellir Paris de ma présence nocturne, et je peux dire que j'ai r'été utile !

AIR : *Garde à vous*

Gar' les trous ! (*bis*)
La nuit, quand tout sommeille,
Moi seul, prêtant l'oreille,
Je veill' près des égouts ;
Gar' les trous ! (*bis.*)
Garde à vous !
Par là, si quelqu'un passe,
Culbute et se fracasse,
J' lui dis, quand il s' ramasse :
Gar' les trous !
Gar' les trous !

Ah ! justement en voilà un.

LA RÉCLAME.

Ma foi, vous ne devez pas manquer de besogne, car nos rues sont dans un état... des fondrières, des précipices.

L'INGÉNIEUX.

Pour ça, j'en conviens ! c'est ideux !

L'INVALIDE.

T'hideux ! en dessus, c'est possible... mais en dessous ! c'est très-commode !... des égouts fort propres, des tuyaux où l'on pourrait se promener la canne à la main.

AIR : *Tout ça passe.*

Sous terre, tous ces travaux
Forment des routes très-sûres ;
Vous y verriez des canaux
Où l'on mèn'rait des voitures.
Aussi nos ru's sont plus pures
Depuis ces établissemens,
Les rats, le gaz, les ordures,
Tout y passe, (*bis*) tout, excepté les passans.

LA BLAGUE.

Il est original, l'invalide.

L'INGÉNIEUX.

Bon type d'invalide ! je prise infiniment son nez.

L'INVALIDE.

Vous prisez mon nez ?

L'INGÉNIEUX.

Je vais lui prendre sa tête.

L'INVALIDE.

Vous !... venez donc la chercher !

L'INGÉNIEUX.

C'est fini ! elle est prise !

L'INVALIDE.

Par exemple, je voudrais bien voir ça !

L'INGÉNIEUX.

Rapins, la tête de monsieur !... servez chaud !

On voit sortir de la coulisse la charge de l'invalide, sur l'air : *Ah ! c' enfant là, quel pif il a.*

L'INVALIDE.

Ah ! saprelotte !... c'est ma tête sur d'autres épaules !

LES DEUX FEMMES.

C'est bien lui !

L'INVALIDE.

Et vous croyez que ça se passera comme ça !

L'INGÉNIEUX.

Invalide, je te nomme gardien du passage... tu monteras la garde sous ton nez, et je te fais caporal de la compagnie des grotesques.

L'INVALIDE, *voulant tirer son sabre.*

Et dire que mon sabre est rouillé !... mais c'est égal, je vais vous démolir, tas d'intrigans que vous êtes !

AIR : *Des Chevau-légers.*

ENSEMBLE.

L'INVALIDE.

Morbleu, je tremble de colère,
Chacun va rire à mes dépens,
Prendre ainsi ma tête guerrière ;
Pour amuser tous les passans.

LES DEUX FEMMES.

Mon brave, allons, point de colère,
Si l'on s'amuse à tes dépens,
Et malgré ta fureur guerrière
Tu feras rire les passans.

L'INGÉNIEUX.

Adieu ! je brave ta colère,
Et je m'amuse à tes dépens ;
Oui, malgré ta fureur guerrière,
Tu feras rire les passans.

L'Invalide sort en courant après sa charge, à laquelle il donne des coups de pied.

SCENE III.

LES MÊMES, *excepté* L'INGÉNIEUX.

L'ANNONCE.

Mesdemoiselles, il y a là une foule d'individus et d'individuelles qui font une vie désordonnée pour entrer.

LA BLAGUE.

Qu'est-ce qu'ils sont ?

L'ANNONCE.

Des théâtres, des pièces...

LA RÉCLAME.

Que disent-ils pour leurs raisons ?

L'ANNONCE.

Ils disent des tas de bêtises.

LA BLAGUE.

Dame ! c'est leur état, ils sont payés pour ça. Comment s'appellent-ils ?

L'ANNONCE.

Il y a d'abord le théâtre Saint-Marcel et le théâtre des Batignolles qui dit des bêtises par monceaux... Ah ! il y en a bien d'autres encore !

AIR : *Voulant par ses œuvres.*

Un surtout, qui court par la ville,
Qu'a l'air d'un malin achevé,
Il dit qu'il est l' petit Vaud'ville,
Et n' doit pas rester sur l' pavé !
D'une place il a grande envie,
Il va criant avec douleur,
Et dit à chaque promeneur :
Donnez-moi la bourse ou la vie !

CHŒUR, *dans la coulisse.*

AIR : *Pan, pan, est-ce ma brune ?*

Pan, pan ! pour nous entendre !
Pan, pan ! dépêchez-vous !
Pan, pan, fait-on attendre,
Pan, pan, des gens comm' nous.

L'ANNONCE.

Tenez, entendez-vous ?

LA RÉCLAME.

Ah ! ma foi, qu'ils entrent ! peut-être trouverons-nous celui qui doit faire notre bonheur.

UNE VOIX, *dans la coulisse.*

Gare que je passe !

Une corde paraît sous le péristyle de l'escalier, et un homme descend par cette corde.

SCENE IV.

LES MÊMES, LE SONNEUR DE SAINT-PAUL, *dans son costume, tenant une cloche à la main et un sac d'écus énorme.*

L'orchestre joue l'air : Din, don, din, don, avec accompagnement de cloches.

LA RÉCLAME.

Qu'est-ce que c'est que ça?

LE SONNEUR, *imitant la voix de l'acteur Francisque.*

Un succès qui tombe des nues! je suis le fameux Sonneur de Saint-Paul! ils sont là un tas de farceurs qui prétendent avoir le pas sur moi... Arrière, baladins! je fais plus de bruit que vous tous.

> AIR : *Sonnes, cornemuses et musettes.*
>
> Sonnez, sonnez,
> Ma cloche et mes recettes,
> Sonnez, sonnez
> Au nez
> Des étonnés.
> Ma cloche a le son argenté. (*bis.*)
> On dit que j' dis bien des sornettes;
> Mais mon caissier est enchanté,
> Je l'ai rendu gras comme un pâté,
> Et ma tristesse a sauvé la Gaîté!
> Sonnez, sonnez...

Il frappe sur son sac, regardant les deux femmes, avec une voix sombre.

C'est vous qui êtes les filles du Puff?

TOUTES DEUX.

Oui, monsieur.

> Elles font des révérences.

LE SONNEUR.

Je ne viens point ici demander la Réclame, elle ne me servirait à rien.

LA RÉCLAME.

Qu'il est manant!

LE SONNEUR.

Mais je crois être digne de la Blague.

LA BLAGUE.

Il est charmant.

LA RÉCLAME.

Très-mal élevé! je suis sûre qu'il boit comme un sonneur.

LA BLAGUE.

Si papa approuve son choix, je l'aimerais assez, à cause de ses sonnettes.

SCENE V.

LES MÊMES, LE BRASSEUR DE PRESTON, *en habit d'officier anglais, monté sur un petit cheval en jouet d'enfant.*

LE BRASSEUR.

> Oh! oh! oh! oh!
> Gare à Coco!

Mon cheval a le mors aux dents.

L'ANNONCE.

Le brasseur de Preston!

LE BRASSEUR, *accourant.*

Garde à vous! garde à vous! Effie, arrête-le donc!

L'ANNONCE.

N'ayez pas peur, laissez-le aller... il n'ira pas si loin que vous croyez.

LE BRASSEUR.

> Oh! qu'il est beau,
> Le frèr' jumeau
> Du Postillon de Lonjumeau!
> Oh! oh!

LA RÉCLAME.

Pourquoi a-t-il pris cet air-là?

LE BRASSEUR.

C'est un air de famille.

LA BLAGUE.

Vous voulez donc vous mettre sur les rangs pour avoir un prix du Puff?

LE BRASSEUR.

Certainement, vous sentez qu'un brasseur doit savoir se faire mousser, à moins d'être une cruche, et je prétends aussi obtenir les filles du Puff.

> Il s'avance pour prendre la Blague dans ses bras.

LE SONNEUR.

Halte-là! il me faut le prix!... et le cœur de cette femme m'appartient.

TOUS.

> AIR : *C'est moi, c'est moi (Léocadie).*
>
> C'est moi, c'est moi,
> Qui, toi?
> Qui mérite sa foi!
> Oui, c'est moi, non, c'est moi!
> C' n'est pas toi...
> Si c'est moi!
> Tu n' vaux pas mieux que moi.
> Si fait, j' vaux mieux que toi!
> Tu n' feras pas la loi!

LES DEUX FEMMES.

Au secours, au secours!

SCENE VI.

Les Mêmes, LE PUFF, *accourant tout essoufflé.*

LE PUFF.

Air du Bouffe et le Tailleur.

La Réclame m'appelle,
J'accours,
A la Blague fidèle,
Toujours
Ici quels bruits éclatent ?...
Parlez !

LES DEUX FEMMES.

Ces mauvais sujets s' battent.

LE PUFF, *avec un geste impérieux.*

Allez !

Ils sortent par la droite.

LA BLAGUE.

Il était temps que vous arrivassiez, nous ne pouvions plus y tenir.

LA RÉCLAME.

Tous ces hommes veulent de nous.

LE PUFF.

Ils n'ont pas mauvais goût, les drôles ; mais vous avez déjà reçu beaucoup de monde, allez ; je vais présider à l'examen des autres concurrens.

La Réclame sort.

L'ANNONCE.

Monsieur, il y a encore un grand nombre d'animaux qui demandent à vous voir.

LE PUFF.

Des animaux domestiques ?

L'ANNONCE.

Non, dramatiques.

LE PUFF.

Qu'ils viennent, ces petits chats, qu'ils viennent ; où sont-ils ?

L'ANNONCE.

Dame, il y en a qui font antichambre dans l'écurie, dans la niche à votre boule-dogue ; enfin, c'est une ménagerie.

UN CHIEN, *aboyant.*

Houâ ! houâ ! houâ !

UN ANE *brait.*

Hi ! han ! hi ! han !

UN MOUTON.

Bais ! ais ! bais ! ais !

LES ANIMAUX, *ensemble.*

Houâ ! houâ ! houâ !
Hi ! han ! hi ! han !
Bais ! ais ! bais ! ais !

L'ANNONCE.

Entendez-vous, quel concert de bêtes !

LE PUFF.

Eh bien ! tu ne saurais croire, j'aime mieux ça qu'un concert d'amateurs ! J'ai déjà pris bonne note de toutes ces pièces admirables qui ont élevé les théâtres jusqu'à la bestialité !

SCENE VII.

Les Mêmes, PEAU D'ANE, *habillée comme la princesse, avec la peau en pelisse, et pour capuchon la tête d'un âne avec d'énormes oreilles.*

LE PUFF.

Air : J'ai perdu mon âne.

La princesse Peau-d'Ane ?

LA PRINCESSE.

Qui d'ennui se damne ?...
Mon auteur, s'il m'en croyait,
Dans son portefeuill' devrait
Remettr' sa peau d'âne.

LE PUFF.

Vous vous ennuyez, ma belle princesse ? vous devriez changer de peau.

LA PRINCESSE.

Je voudrais aussi changer de société ; vous ne vous figurez pas combien je suis mal entourée : j'ai une maudite fée qui tous les soirs me livre aux bêtes ; et malheureuse Peau d'âne, on me fait faire un métier de cheval.

L'ANNONCE.

C'est donc une méchante fée... une féroce ?

LA PRINCESSE.

Jugez-en, monsieur.

Musique. Une grande chauve-souris vient voltiger sur sa tête, l'orchestre joue l'air du postillon de Mme Ablou ; la fée paraît sur son char, traîné par deux moutons en peinture ; un vieil âne suit le char, puis une demi-douzaine de moutons marchent derrière, un chien harbet leur mord les talons, et le cortége est fermé par un quadrille de grenouilles représentées par des enfans.

L'ANNONCE.

Plus que ça de moutons ? Ah ça, mais les auteurs sont donc bouchers !

LE PUFF.

Des animaux de toutes les espèces ; que voulez-vous, ma belle ? La comédie est un miroir... le théâtre doit présenter l'image de la société.

ABOIEMENS TRÈS-FORTS.

Vouah ! vouah ! vouah !

LE PUFF, *se retournant effrayé.*

Encore !

L'ANNONCE.

Là... là. (*Il montre la niche du chien.*) Ah ! mais celui-là c'est une bête à poils !

Un guide montagnard sort en se traînant de la niche, et suivi par un gros chien de Terre-Neuve, qui peut être représenté par un jeune garçon. Sur le dos du chien est attaché un petit enfant en chemise, jolie tête de carton, avec de longs cheveux et de petits bras nus qui sont censés tenir la crinière du chien : imitation de la gravure si connue.

LE GUIDE, *se traînant.*

Ne repoussez pas cet intéressant animal, la providence des voyageurs égarés.

LE PUFF.

Qui êtes-vous ?

LE GUIDE.

Ceci vous représente le fameux Chien du mont Saint-Bernard.

LE PUFF.

Ah ! ah ! ceci est dans mon genre.

L'ANNONCE.

Voilà un animal, monsieur ! Quel succès ! quand on pense que ce chien n'a jamais paru sans avoir une queue.

LE GUIDE.

AIR :

C'est un' bête du premier ordre ;
Sur son mérite et ses vertus
Les critiques n'ont pas pu mordre.

LE PUFF.

Il les aurait plutôt mordus.

LE GUIDE.

Aucun animal à la ronde
Ne fut jamais si bien soufflé,
Il est le premier chien du monde
Qui n'a jamais été sifflé.

Aussi il a été décoré... deux belles décorations.

L'ANNONCE.

On lui a donné la toison d'or, à cause de ses...

LE GUIDE.

Non.

L'ANNONCE.

Ah ! J'y suis ! l'ordre du collier de fer.

LE PUFF.

Eh bien ! je lui donnerai aussi quelque chose dans ma distribution ; bonne bête... va !

L'ANNONCE.

Ah ça ! excusez ma question ; à quoi que ça sert, un chien du mont Saint-Bernard ? quelle est sa profession ?

LE GUIDE.

Sa profession ?

AIR : *Quel dîner, quel dîner, le sénateur m'a donné.*

Dans le beau siècle où nous sommes,
Toute charité s'éteint,
Et le cœur de bien des hommes
Ne vaut pas son *noble instinct ;*
Jamais ce brave animal
N'a voulu faire aucun mal,
Et ce chien,
Quoique chien,
Vaut mieux que plus d'un chrétien,
Est meilleur que plus d'un chrétien !

LE PUFF.

Par un père ou sa compagne
On voit des enfants perdus !..

Par un chien dans la montagne
Des enfans sont secourus !...
Est-il heureux, triomphant,
De sauver un pauvre enfant !
Ah ! ces chiens,
Oui, ces chiens,
Val'nt mieux que bien des chrétiens,
Oui, val'nt mieux que bien des chrétiens !

Mais le Puff s'attendrit et fait de la morale ; c'est une grande faute, revenons à nos auditeurs.

L'ANNONCE.

Voulez-vous encore des bêtes ?

LE PUFF.

Ah ! la bête est bonne en soi ; mais ne la poussons point jusqu'au fanatisme. Avant de nous en débarrasser, je vais décider quelle est la plus grande bête, qui mérite le plus.

UNE VOIX, *sortant d'un énorme porte-voix.*

Un instant, Bertrand !

L'ANNONCE.

Ah ! J'avais oublié de vous dire, il y a là un député de chez Franconi, le seigneur géant.

LE PUFF.

Qu'il entre.

Ici le géant paraît en costume de Goliath, s'appuyant sur une massue gigantesque.

L'ANNONCE.

Oh ! mon Dieu, d'où sort-il, celui-là ?

LE GÉANT.

Tu vois en moi le géant Goliath ; je suis un homme de Liège.

L'ANNONCE.

Il doit pourtant être joliment lourd !

LE PUFF.

C'est un grand homme du temps de la fronde. Mon cher ami, comment diable êtes-vous venu ? vous devez être peu à votre aise en voyage ? Il vous est impossible de prendre le coupé de la diligence !

LE GÉANT.

Je prends deux wagons pour moi seul.

LE PUFF.

Vous devez bien juger des inconvéniens de la grandeur.

L'ANNONCE.

Vous êtes d'une grosse nourriture.

LE GÉANT.

AIR : *Haïr est une folie.*

Peu de chos' suit mes affaires,
L' matin, deux seaux de café.

LE PUFF.

Votre cuiller à café
Doit être une poêle à frire ?

LE GÉANT.

L' dîner est plus étoffé ?...
Un bœuf froid ou réchauffé,
Ou deux veaux à l'étouffé.

L'ANNONCE.

Pour vous loger, quelle entrave !...

LE GÉANT.

Non, un bâtiment entier.

L'ANNONCE.

Vos pieds doiv'nt être à la cave,
Quand vot' tête est au grenier !

LE PUFF.

Et que me demandez-vous, ô grand homme?

LE GÉANT.

La main de ta fille.

LE PUFF.

Oh ! diable... pardon, mais ma fille n'a pas encore la taille, je craindrais que cela ne fit une
alliance un peu disproportionnée.

LE GÉANT.

Pourquoi cela ?

LE PUFF.

Il lui serait impossible de s'élever jusqu'à vous.

LE GÉANT.

Cependant votre fille passe pour bien élevée.

LE PUFF.

Il ne m'entend pas... Si je pouvais lui parler
de plus près.

L'ANNONCE.

Voulez-vous un tabouret?

LE PUFF.

C'est inutile ; une échelle... (*L'Annonce avance
une double échelle.*) Ah ! m'y voilà... Écoutez :
ce mariage est impossible, ça ne se pourrait pas,
il y aurait incompatibilité d'humeur... y êtes-
vous?

LE GÉANT.

Vous me parlez hébreu, et je ne puis pas souffrir tout ce qui est hébreu !... je ne puis pas
souffrir non plus que vous donniez votre fille à
l'un de ces animaux-là... Je me plais a croire que
je suis fort au-dessus d'eux...

LE PUFF, *à part.*

Oh Dieu ! je suis sûr que la Réclame ne le
trouvera pas trop grand, et qu'elle va me dire :
Oh ! papa, quel bel homme !

L'ANNONCE.

Mais dites-donc, quelle idée !... puisque vous
avez deux filles, mettez-les ensemble... l'une au
bout de l'autre.

LE PUFF, *avec humeur.*

Laissez-moi tranquille. (*Haut, au géant.*) Mon
cher ami, je ne puis pas trancher la question
tout seul... Passez dans la salle d'exposition... le
jury prononcera ; allez, toutes et tous.

AIR : *Vaudeville des Gascons.*

Allez, sortez !... nous verrons bien
Comme disent les grands critiques ;
Partez, animaux dramatiques !...
Car vraiment tout ça ne dit rien.

L'ANNONCE.

Les animaux, sans contredit,
Ne peuvent parler qu'avec peine.

LE PUFF.

Ah ! pour leur donner de l'esprit ,
Nous n'avons plus de La Fontaine.

CHŒUR.

Nous partons, en espérant bien
De nos grands succès dramatiques ;
Que nous importent les critiques ?
Aujourd'hui ça ne prouve rien !

Ils sortent.

SCENE VIII.

LE PUFF, RACINE, *en costume de son temps.*

PLUSIEURS VOIX, *dans la coulisse, avec de grands
éclats de rire.*

Ah ! ah ! ah !

RACINE, *lisant ces deux vers dans la coulisse.*
Voulez-vous bien cesser, débauchés garnemens?
Je vous ferai punir de vos déportemens.

L'ANNONCE, *qui est allée voir ce que c'était.*

C'est un grand monsieur qui descend des voitures de Versailles.

LE PUFF.

Eh ! mais, que vois-je ? c'est M. Racine! il était
suivi par un tas de polissons.

RACINE, *en colère, avec fierté.*

Qui est-ce qui s'est permis de dire ici que Racine était un polisson?... Où est-il? je veux le
voir !... qui est-ce? répondez !... vous! vous !...
Montrez-le-moi, que je lui parle.

L'ANNONCE.

Je n'en sais rien.

LE PUFF, *s'avançant poliment.*

Permettez, monsieur, c'est moi qui...

RACINE.

C'est vous, monsieur ?... oser vous exprimer
ainsi sur moi !... eh bien ! vous êtes gentil...

L'ANNONCE.

Monsieur, je voulais parler de ces moutards
qui...

RACINE.

Moutards !... Que signifie moutard ?...

LE PUFF.

Nom de ces petits *voyous.*

RACINE.

Voyous!... Que veut dire *voyou?*

LE PUFF.

Enfin, de ces gamins ou petits garçons qui se
moquaient de votre perruque.

RACINE.

Qu'est-ce qu'elle a donc, ma perruque? elle est
à la mode.

L'ANNONCE.

Oh ! la mode, un peu ancienne... on ne porte
plus de perruques.

LE PUFF.

Mais, en revanche, nous avons du toupet.

RACINE.

Qu'entendez-vous par du toupet?

LE PUFF.

Jeu de mots, un peu tiré par les cheveux.

RACINE.

Je ne vous comprends pas, monsieur.

LE PUFF, *à part,*

Il a moins d'intelligence que je ne croyais... (*Haut.*) Mais d'où sortez-vous donc?

RACINE.

Des Champs-Élysées, où j'étais depuis fort long-temps... j'ai voulu prendre l'air. Tout-à-l'heure, j'étais à Versailles, je demande le roi, on me dit qu'il est à son château de Neuilly... j'ignorais que Louis XIV eût un château dans cette commune.

LE PUFF, *d'un ton mielleux.*

Pardon... mais vous battez un peu la breloque ; vous parlez de Louis XIV, il est décédé... Henri IV aussi est mort.

RACINE.

Louis XIV!... ce prince immortel ?...

LE PUFF.

Mon Dieu, oui... et vous-même, sans vous offenser, vous êtes feu Racine... un exhumé... un revenant...

RACINE.

Feu Racine! prétendez-vous renouveler la plaisanterie qui a couru sur le directeur de l'Opéra ? moi, je suis feu... cela n'est pas vrai, je me porte bien, je suis très-solide sur mes hémistiches... des hommes comme moi ne meurent jamais, monsieur, ils vivent très-long-temps, et je puis affirmer avec orgueil, que je n'ai jamais été plus jeune.

LE PUFF.

C'est que vous êtes ressuscité... alors, ma protection vous est acquise; moi et ma fille, nous vous ferons mousser... elle vous fera une Réclame, et vous pouvez compter sur le Puff! ça fera fumer les romantiques.

RACINE.

Moutard, voyou, toupet, mousser, fumer, Réclame, Puff!... Ah ça, mais j'en deviendrai fou... Ce n'est plus là le langage...

Enfin Malherbe vint, et le premier en France...

On me montrait hier un grand journal dans lequel on disait que je ne savais pas le français... Ah ça! mais ce serait donc vrai?... la langue de Racine est donc perdue ?

LE PUFF.

Je vous le dis, ce sont tous vos détracteurs qui veulent vous enfoncer.

RACINE, *hors de lui.*

M'enfoncer, quoi ?... Qu'est-ce qu'ils veulent m'enfoncer ?...

LE PUFF.

Il faut tout lui expliquer. (*Haut.*) Ceux qui prétendent faire de meilleurs ouvrages que les vôtres... y êtes-vous à présent?

RACINE.

J'y suis... la coterie de Mme de Sévigné; je suis sûr que Pradon est à la tête!... Je m'en plaindrai à Louis XIV... Oh! ces petits Pradons... qu'ils fassent donc six mille francs de recettes... moi, je les fais... voici les bordereaux, et je les défie d'en faire autant.

LE PUFF.

Le fait est que vous avez les zéros pour vous.

JEAN RACINE.

AIR : *Partie carré.*

Ah! j'ai pitié de cette coterie
Qui veut me mettre au-dessous de Pradon!...
De ses Cottins la secte m'injurie,
Mais vainement ils insultent mon nom !
Chêne éternel dont l'ombre vivifie,
Sur eux encore on me voit dominer,
Toujours debout ! morbleu ! je les défie
    De me déraciner.

LE PUFF.

Avant d'y parvenir, ils seront encore piocher.

RACINE, *avec emphase.*

Quand de mes ennemis la muse le ruine
Le caissier des Français ne vit que de racine.

LE PUFF.

Le fait est que vous avez du talent, et si vous vouliez faire avec moi un vaudeville...

RACINE, *qui ne l'écoute pas.*

Mais j'ai pour défenseur les femmes, Dieu merci;
Et tenez, mon soutien le plus cher... le voici !

~~~~~~

SCENE IX.

LES MÊMES, BABEL.

BABEL, *en costume d'Hermione.*

Ne m'importune plus de tes raisons forcées :
Je vois combien mes vœux sont loin de mes pensées.

L'ANNONCE.

Tiens! c'est cette petite fille qui joue Déjazet au Théâtre-Français.

RACINE.

Bonjour, petite, bonjour!

BABEL.

Ah! c'est papa Racine! bonjour, mon vieux !

RACINE.

Mon vieux! mon vieux ! ce n'est pas ainsi que doit parler Hermione.

BABEL.

Si vous croyez que c'est amusant de faire toujours la reine ou la sultane! et de réciter tous les soirs devant le public :

Pour plaire à votre épouse, il vous faudrait peut-être
Prodiguer les doux noms de parjure et de traître.
~~~~~~

Vous veniez de mon front observer la pâleur
Pour aller dans ses bras rire de ma douleur;
Pleurante après son char vous voulez qu'on me voie;
Mais, seigneur, en un jour ce serait trop de joie.
Je ne t'ai point aimé cruel! qu'ai-je donc fait?

Ah! j'ai fait une tache à ma robe.

LE PUFF.

Allons bon, elle est d'une enfantillage...

RACINE.

Oui, c'est un enfant! mais il n'y en a pas beaucoup comme ça.

Air du Vaudeville de l'Héritière.

Chacun disait : La tragédie,
Hélas! est perdue à jamais;
Pour Melpomène à l'agonie
Nous n'avions plus que des regrets;
Mais la nature inépuisable
Soudain fait éclore un talent!
Et quel maître serait capable
De mieux jouer que cet enfant?

LE PUFF.

Jamais elle n'eut de modèle,
Et pourtant à nos yeux surpris
Elle fait école nouvelle
Dans l'art qu'elle n'a pas appris;
Une routine inexorable
Peut murmurer en l'écoutant;
Mais quel maître serait capable
De mieux jouer que cet enfant?

BABEL.

Voici l'heure du spectacle, il faut que j'aille au théâtre... allons, venez, prenez mon bras!

LE PUFF.

Oui! appuyez-vous sur elle.

BABEL.

Air : *Allons, donnez-moi le bras.*

Allons, donnez-moi le bras,
Que l'on s'appuie
Sur son amie :
Allons, prenez-moi le bras,
Et je soutiendrai vos pas.

RACINE.

Allons, donnez-moi le bras,
Oui, je m'appuie
Sur mon amie :
Allons, donnez-moi le bras,
Et soutenez bien mes pas.

Ils sortent ensemble.

Paraît lady Melvil accompagnée par un petit-maître italien vêtu en Robert-le-Diable avec d'énormes favoris.

L'ANNONCE.

Le Théâtre de la Renaissance.

LADY MELVIL.

God hoy, mylord... bonjor! (*Elle fait une roulade.*) Ah! ah! ah!

LE PUFF.

Madame la Renaissance, je suis enchanté de vous voir.

LADY MELVIL.

Air :

Combien le soin de la toilette
Coûte de peine et de soupir!
La fatigue d'être coquette
N'en vaut vraiment pas le plaisir!

LE PUFF.

Il paraît que vous jouez l'opéra comique?

LADY MELVIL.

Not, not pas, comic-opéra... théâtre de l'argent, il volait pas.

LE PUFF.

Ah! le Théâtre de la Bourse... elle croit que c'est la même chose... innocente insulaire, va!... alors vous chantez le grand opéra?

LADY MELVIL.

Oh! not, not, great opéra! cette mylord, il volait pas!

LE PUFF, *saluant.*

Ah! monsieur.

SIGNOR LELIO.

Buon giorno, signor... come o sta? la vostra sanita e buona?

LE PUFF.

Que diable est celui là?... M. Rubini ou Tamburini.

L'ANNONCE.

Du tout, c'est Robert-le-Diable!

LADY MELVIL.

Yès, yès!

SIGNOR LELIO.

Si, signor, si! ascoltate, per être sour.

LE PUFF, *étonné.*

Pour être sourd, écoute? quel baragouin!

SIGNOR LELIO, *chantant :*

Della principessa di Sicile...
L'or è onna tchimera.

LE PUFF.

Ah! très-bien, c'est l'Académie royale de musique française, où l'on chante le mieux l'italien. Brava! brava! je trouve ce diable-là très-bouffon.— Ah ça, et vous, ma belle, vous chantez donc le vaudeville?

LADY MELVIL.

Vaudeville! oh! not, not, fi! pas ponts-neufs... my dear!

LE PUFF.

Alors, elle me fait aller... c'est une Anglaise pour rire! Mais, quoi donc? entendons-nous!

LADY MELVIL.

Novel miousic.

Elle chante un motif de Lady Melvil, et signor Lelio chante de son côté un motif de Robert en italien.

LE PUFF, *se bouchant les oreilles.*

Assez, assez.

Air : *Vaudeville de l'Ours et le Pacha.*

On dirait la tour de Babel
Qu'on a voulu mettre en musique!...
Ce baragouin continuel!...

L'ANNONCE.

Vous n'avez pas le goût lyrique.
Montrant Lady Melvil et le signor Lelio.

On ne leur trouve aucun défaut;
Monsieur a la voix piémontaise,
Madam' chante comme une Anglaise...
Enfin ils ont tout ce qu'il faut
Pour chanter la musiqu' française.

SCENE X.

Les Mêmes, RUY-BLAG, *ensuite* LA RÉCLAME *et* DON SALLUSTE.

RUY-BLAG.

Sacré nom d'un nom! voulez-vous bien me laisser passer!

L'ANNONCE.

Le Théâtre de la Renaissance.

LE PUFF.

Encore un? combien y en a-t-il donc?

RUY-BLAG, *entrant.*

Quelle horrible portière, affreuse compagnonne,
Dont la barbe fleurit et dont le nez trognonne!

LE PUFF.

Quel est encore ce nouveau jargon!

RUY-BLAG.

Mais, sacripant, je suis superbe, magnifique;
Seul je réunis tout prose, vers et musique.

LADY MELVIL.

Il avait menti, c'était moi, que je étais le Renaissance!

RUY-BLAG.

Écossaise! tu n'as qu'un mélancolique œil!
Fais-moi donc le plaisir de montrer moins d'orgueil.
Je te dis que c'est moi qui suis la Renaissance.

LADY MELVIL.

Impétinent... goddem!

SIGNOR LELIO, *frappant du pied.*

La pace! la pace! signora mia!

LADY MELVIL, *frappant du pied.*

Je enfoncerai vous!

RUY-BLAG, *de même.*

Toi, Irlandaise! tu m'enfonceras!

LE PUFF, *de même.*

Ah çà! prenez donc garde d'enfoncer le théâtre!

RUY-BLAG.

Tu vas voir les beautés de cet ouvrage immense, ça ne sera pas long... nous allons le jouer avec ta fille.

LE PUFF.

Comment! la Réclame?

RUY-BLAG.

La Réclame joue un grand rôle là-dedans.

Applaudissemens.

LE PUFF.

Ah! mon Dieu! comme on applaudit!

RUY-BLAG.

C'est que la pièce n'est pas encore commencée.

Nouveaux applaudissemens jusqu'au changement.

RUY-BLAG, *parlant aux coulisses.*

Place au théâtre!... allons, au décor, au rideau!

RUY-BLAG,

PARODIE EN TROIS PARTIES.

Le théâtre représente un salon.

SCENE PREMIERE.

RUY-BLAG, *seul, entrant du fond; il est pensif.*

« La reine est mon caprice! et j'haïs son époux,
» Sa majesté m'embête, enfin, j'en suis jaloux!
» J'escalade, le soir, sur les murs de la reine,
» Pour mettre sous son nez des fleurs de marjolaine.
» Avec des billets doux, pour lui parler d'amour...
» Je jette mes poulets dedans sa basse-cour!
» De plus très-fainéant, et ne voulant rien être,
» Je me suis fait laquais; ce monsieur, c'est mon
                              [maître.

DON SALLUSTE.

La reine m'a chassé, coquine, il t'en cuira.

RUY-BLAG.

Il sait que je suis fou de cette femme-là.

LE PUFF *.

Amoureux de la reine, un laquais!...ah çà! c'est un peu fort; et comment diable cet amour?

RUY-BLAG.

Qu'est-ce que ça vous fait? je l'aime, et voilà tout...

* On pourra en province faire dire cela à un personnage placé à l'orchestre des musiciens, ou Ruy-Blag lui-même au public : Vous me direz peut-être, etc.

DON SALLUSTE.

D'enfoncer sa vertu je veux venir à bout.
Oui, la farce est très-bonne, à moi, la fleur des
[drôles.
Vous avez mon gaillard de très-larges épaules...
Mettez donc ce manteau; vous serez mon cousin
Et représenterez don César l'argousin.

LE PUFF.

Ah çà, mais ce don César, on m'en a beaucoup
parlé; vous le supprimez donc?

RUY-BLAG.

Oh! c'est le vrai César des rendez-vous bourgeois;
Sur ce théâtre-ci ce serait trop grivois.

DON SALLUSTE.

Drôle, la reine vient.

RUY-BLAG.

Je la sens d'une lieue,
Et je dois...?

DON SALLUSTE.

L'adorer et lui faire la queue.

Il s'incline; la Réclame passe dans le fond suivie de la fleuriste qui forme son cortège.

RUY-BLAG.

Fin du premier acte!

Musique. L'orchestre joue l'air Rendez-moi ma patrie. Elle fait le tour et revient sur le devant pour jouer le second acte. Elle ne fait pas un seul pas qu'une vieille caricature de duègne ne l'imite.

LA REINE.

Oh! que ne suis-je encor dans ma belle Allemagne!
J'y voudrais habiter.

LA DUÈGNE.

Quels châteaux en Espagne!
L'étiquette...

LA REINE.

Toujours! me suivre en chaque endroit!
Et si je veux aller...

LA DUÈGNE.

Vous n'avez pas le droit.

LA REINE.

Ah! quelle affreuse scie! on m'obsède, on m'assomme
On m'empêche de voir le bout du nez d'un homme.
Toujours seule! mes yeux, qui voudraient l'appro-
[cher,
Voient le lever du roi, mais jamais son coucher.

LA DUÈGNE.

Ah! deux astres n'ont point une chambre commune;
Le roi, c'est le soleil... la reine, c'est la lune!

LA REINE.

Quel ennui!

LA DUÈGNE.

Mais jouons aux cartes.

LA REINE.

Oh! ma foi,
Non! je hais ce jeu-là, je n'ai jamais le roi.
A part.
Le jeune homme aux bouquets doit avoir des mous-
[taches.

L'on ne m'entoure ici que de vieilles ganaches!
On dit que la vieillesse arrive par les yeux;
Mais je crois qu'elle vient aussi par les cheveux.
Oui, la tête blanchit tandis que l'œil verdoie,
Et la vieillesse vient avec des pattes d'oie.

CHOEUR, *dans la coulisse.*

AIR: *C'est l'amour, l'amour, l'amour.*

C'est l'amour! l'amour! l'amour,
Qui fait le monde à la ronde,
C'est l'amour! l'amour! l'amour,
Que fait chacun à son tour.

LA REINE.

Mais quels sont ces chants-ci? «C'est l'amour!» Belle
Mais leur chant me fait mal.   [voix!

LA DUÈGNE.

Majesté, je le crois,
Car elles chantent faux. Ce sont des buandières
Qui chantent dans les champs des chants de vivan-
[dières.
Vous n'avez pas le droit d'écouter, s'il vous plaît.

Elle fait mine d'aller fermer la fenêtre.

LA REINE, *s'avançant sur le devant.*

Oui, oui, ferme bien tout; moi j'ouvre ce billet.
Dans ce tendre poulet que d'amour se dévoile!

Elle lit:

«Je suis un ver de terre amoureux d'une étoile.»

Elle lit:

Ah! quel ver amoureux! «Oui, belle de nuit de
[jour,
»Ah! je voudrais pour vous être un lézard d'amour.»
Pauvre enfant, sur le mur quand sa lettre fut mise,
Sans doute il écorcha le bout de sa chemise.
Je l'aime sans savoir s'il est grand, blond ou brun;
Mais quand on est quelqu'une, il faut aimer quel-
[qu'un.

Elle tire une énorme manchette de son sein et la baise avec transport.

LA DUÈGNE.

Quelqu'un, avez-vous dit? du roi c'est un message.

LA REINE.

Mon roi de ma vertu vient sauver le naufrage.

Musique: Je suis Lindor.

RUY-BLAG, *arrivant, vêtu en seigneur, et portant une grande lettre sur un tabouret de pied, à part.*

Qu'elle est belle! oh! là, là! je me sens le transport.
Un regard au facteur pour lui payer le port!

Il va pour donner la lettre à la reine.

LA DUÈGNE.

Vous ne devez pas lire et je ne puis permettre...

LA REINE.

Il va donc me parler d'amour dans cette lettre?

LA DUÈGNE, *lisant.*

«Reine, à la chasse j'ai fait les cent dix-neuf coups;
»Il fait un temps de chien; j'ai tué trois coucous.»

LA REINE.

Et puis ? continuez.

LA DUÉGNE.

« En foi de quoi je signe. »

LA REINE.

Ça me fait bien la jambe ! et plus rien à la ligne ?
Quoi ! pas un mot d'amour... pas même un post-
[scriptum !

LA DUÉGNE.

Il a dicté la lettre, et c'est par décorum.

RUY-BLAG, *tremblant.*

Il dicta, j'écriva !

LA REINE, *frappée de son air.*

Voyons, que je regarde

Elle ouvre la lettre.

Comme expect écrivain... Dieux ! la même bâtarde !

Elle regarde Ruy-Blag, qui lui fait signe que c'est sa main qui a tracé... « Quoi, cette lettre ?... » dit la Reine par gestes en lui montrant le billet doux. « Oui, oui ! silence !... » Elle lui montre furtivement la grande manchette, et lui il lui montre qu'il n'en a plus qu'une. «O bonheur ! » en pantomime expressive sur l'air : Je tremble et je ne sais pourquoi. — Je l'aime tant ! — Prenez garde, la Dame Blanche vous regarde.

LA REINE, *à demi-voix,*

AIR : *Femmes, voulez-vous.*

Femmes, voulez-vous éprouver
Si pour vous l'homme éprouve un doux martyre ?
Regardez bien avant , que d'y rêver,
Si sa manchette se déchire.

RUY-BLAG, *à part.*

Où serait cet amour si pur
Et cette tendresse parfaite,
Si pour escalader un mur
Je n'avais pas pris de manchette* ?

LA DUÉGNE.

Bel écuyer, partez. Si le roi vient chez elle,
Vous reviendrez alors pour tenir la chandelle.

RUY-BLAG.

Moi !

LA DUÉGNE.

Vous.

LA REINE.

Lui !

RUY-BLAG.

Mais...

LA DUÉGNE.

Oui.

RUY-BLAG.

Non.

LA REINE.

Quoi ?

RUY-BLAG.

Je...

LA DUÉGNE.

Si...

* A Paris ce couplet se passe.

RUY-BLAG.

Car...

LA REINE.

Oh!

LA DUÉGNE.

Rien.

La raison vous défend un plus clair entretien.

Musique.

RUY-BLAG, *à la reine.*

Allez vous cacher, voici le troisième acte ! (*Au Puff.*) Figurez-vous la chose. C'est la grande salle du conseil des ministres... ils travaillent aux affaires générales, c'est-à-dire qu'ils ne font rien du tout que leur petite pot-bouille particulière... Assis ! assis !

Il remonte au fond et redescend.

Ils sont là tous assis et prenant leurs aisances;
Du panier de l'État ils font danser les anses;
Ils disent : Nous veillons à l'intérêt public...
L'un voudrait le tabac, l'autre veut l'arsenic.
Ils se partagent tout à mon nez, à ma barbe :
Passez-moi le séné, vous aurez la rhubarbe.
J'arrive, et je leur dis en discours christinos :
Vous me faites l'effet de chiens rongeant un os !
Et cela quand l'Espagne est fort mal à son aise !
Croque-morts, vous venez voler le Pèr'-Lachaise !
Lors, je crie au secours ! j'appelle Charles-Quint;
Mais il ne paraît pas, c'est un vieil arlequin !
Tu verrais ton royaume, en tant que tu le pusses,
Comme un vieux chien malade embêté par deux pu-
. [ces.
Viens donc, mon empereur; mais tu ne pourrais pas
Voir dans quel triste état ils ont mis tes états.
Vois ton beau sceptre d'or, ils l'ont mis en canelle,
De ta pourpre ils se font des gilets de flanelle.
LA REINE, *faisant semblant de sortir d'une cachette.*
Bravo ! brava ! bravo homme ! ô sublime bavard !
Tu seras Morillos si tu n'es Bolivar.
L'état va se noyer, et tu lui tends la perche.

RUY-BLAG.

Elle ! moi qui la fuis ! c'est elle qui me cherche.

LA REINE.

Il a ce que le roi devrait toujours avoir,
Il m'a paru plus grand que lui...

RUY-BLAG.

Dieux ! quel espoir!

LA REINE, *avec enthousiasme.*

Oui, vous m'avez paru d'une hauteur énorme !

RUY-BLAS.

C'est qu'un homme d'état par les femmes se forme.

LA REINE.

Dieux !

RUY-BLAS.

Je t'aime d'en-bas, d'en-haut, du bord, du fond.
Et vous m'éblouissez comme un lustre au plafond.
Ça dure comme ça depuis le temps des fèves ;
Soir, matin, jour et nuit, je fais des tas de rêves...
Pour vous je ne sais pas tout ce que je ferais,

Et si vous me disiez : Va te coucher ! j'irais.
Il détourne la tête en tremblant.
Elle va m'agonir.
L'orchestre joue la phrase des Huguenots : Tu m'aimes.

LA REINE.
. Oh! va toujours, encore !
On n'a jamais mieux dit à quelqu'un qu'on l'adore.
Non, jamais de la vie on ne m'en a tant dit,
Aussi mon orgueil baisse et mon amour grandit !
Ne me regardez pas, la rougeur m'est venue,
Car je suis une enfant, une simple ingénue.
Une femme jamais ne dit rien de pareil...
Mais tant pire ! pour toi c'est un coup de soleil !
Voir si beau, si dodu l'homme qu'on a vu mince...
C'est à ces choses-là qu'une femme se pince !
Aussi je suis pincée, et là... mais drôlement.

RUY-BLAG.
Ta parole d'honneur! vraiment? vraiment? vraiment?
Eh bien! plus de discours, c'est de la viande creuse!

LA REINE.
Je ne vous comprends pas, et je suis vertueuse.
Je vous dis tout cela sans façon, presqu'en l'air,
Mais tu me comprends bien.

RUY-BLAG.
Mais oui, c'est assez clair;
Le sentiment n'est pas regardant sur la langue.
Il lui prend la main.

LA REINE, *le repoussant.*
Sans nulle pantomime achevons la harangue.
Pour sauver ma vertu faites tous vos efforts,
Car je vous prends ici pour mon garde du corps!
Je te donne mon cœur, mon esprit et mon ame,
Mais rien de plus, mon cher, je suis honnête femme!
Tu me respecteras? fais moi-z'en le serment,
Et je vais t'embrasser, mais platoniquement !

Elle lui donne un baiser sur le front, et sort vivement.

RUY-BLAG, *seul, au comble du bonheur; il marche agité.*
Dieu m'a transfiguré, certainement j'y gagne !
Avec orgueil.
O plus heureux qu'un roi, j'ai... — la reine d'Es-
Joie! extase! transports! [pagne!
Regardant au fond.
Désespoir! qu'ai-je vu !
Mon *bourgeois* qui revient, mon bonheur est fichu!

DON SALLUSTE, *revient et lui frappe tranquillement sur l'épaule.*
Bonsoir!... vous allez bien, le plus grand des ma-
[roufles.
Donnez-moi mon bonnet, apportez mes pantoufles.
Ah ça ! dans le conseil... tu fais le libéral ?

RUY-BLAG, *voulant répliquer.*
L'Espagne! l'Espagnol!

DON SALLUSTE.
Tu n'est qu'un animal !
Avec un geste, en montrant ses bottes qu'il a quittées.
Tiens, il faut dès ce soir que tu me les décrottes!

RUY-BLAG, *saisi, renversé.*
Je suis donc... grand seigneur... pour vous... cirer
[vos bottes!

DON SALLUSTE.
Mais dam !

RUY-BLAG.
Qui, moi, Frontin ! ou plutôt un Scapin,
A qui dans le sternum on donne l'escarpin!
Horreur! je deviens fou !

DON SALLUSTE.
Non, vous devenez bête!
Vous n'êtes que le bras, et moi je suis la tête.

RUY-BLAG.
Je suis grand.

DON SALLUSTE.
Non, cinq pieds!

RUY-BLAG.
D'Espagne je suis grand.

DON SALLUSTE, *le repoussant par l'oreille.*
Fi! la caque, mon cher, sent toujours le hareng.

RUY-BLAG, *furieux.*
Je ne laisserai pas votre carcasse intacte !
Mais nous ne sommes pas encore au cintième acte !
Et pourtant aux mouchards si ma main vous li-
[vrait!

DON SALLUSTE.
Vous êtes domestique, et j'ai votre livret !

RUY-BLAG.
Cré coquin! de fureur mon ame est enivrée.
Pleurant.
Je rendrai votre argent, je rendrai ma livrée !

DON SALLUSTE.
Vous êtes domestique.

RUY-BLAG.
Oh! mille noms d'un nom!
Mais l'on ne peut donc pas donner sa démission !

DON SALLUSTE.
Marchez donc, serviteur!

RUY-BLAG.
Je ne suis plus le vôtre !
Je vous donne huit jours pour en chercher un
[autre!

DON SALLUSTE.
En attendant... marchons... pour certain rendez-
[vous
J'ai besoin que ta main griffonne un billet doux.

Ruy-Blag veut résister. Don Salluste lui donne des coups de pied. Ruy-Blag veut les lui rendre, le respect l'arrête. AIR : A coups d' pied, à coups de poing, j'vous cass'rai la gueule et la mâchoire. Ils sortent, la scène reste vide.

LE PUFF.
Belle fin de troisième acte, il y a le coup de fouet.
Ah ça! il parait que ceci nous représente le quatrième acte, qui est complètement vide, qui ne sert à rien à l'action; c'est bien ça.

RUY-BLAG ; *il rentre accablé ; il est enveloppé dans*
une couverture à carreaux ou une robe.

Rêves roses d'espoir, vous n'étiez pas bon teint,
Le lampion du bonheur toujours trop tôt s'éteint !
L'ouragan du guignon souffle, et fini... plus mèche !
— J'ai rêvé cette nuit que j'étais à la pêche,
Et c'était dans l'eau trouble !... et puis j'ai rêvé
[chats !
Et mon cœur palpitant battait des entrechats !
Qu'il est tordu, le fil que le destin me tresse !
J'ai retrouvé mon maître et perdu ma maîtresse,
Comme disait Potier — ou Talma? l'un des deux.
La mort aux rats — bientôt fini mes maux affreux.
Oh ! ça me fait bien mal... je vais prendre un re-
[mède ;
Oui, cette drogue-li ... va me venir en aide !
L'horrible pharmacien m'a vendu, sans effroi,
En me disant : Monsieur, le temps est-il bien froid ?
Ah ! les hommes sont chiens ! avalons la boulette !
— Je ne te verrai plus... adieu donc, ma poulette !

L'orchestre joue l'air : Quand on attend sa belle. Il va
pour prendre sa pilule. La Reine paraît.

LA REINE.

Ne m'en veux pas, poulot ! si je viens un peu tard.

RUY-BLAG.

Elle-même !

LA REINE, *gaîment.*

Elle t'aime !

RUY-BLAG.

Et prise au traquenard !

LA REINE.

Tu te mangeais les sens? me voilà !

RUY-BLAG.

Coup funeste !

Refermant son manteau ou son vieux carrick.

Cachons-lui mon habit, ma culotte et ma veste !
Qui vous a demandée ?

LA REINE, *lui faisant la moue.*

Hou ! méchant ! qu'il est laid !

RUY-BLAG.

Voulez-vous me monter comme une soupe au lait ?

LA REINE, *tirant un billet qu'elle lit.*

Ma reine, je t'attends... viens vite.

RUY-BLAG.

Oh ! je me damne,
Ce mot de reine a fait un affreux coq-à-l'âne !
C'est mon monstre de maître, il a tout comploté ;
Pour une baladine il me l'avait dicté !

LA REINE, *piquée.*

Ah ! la comparaison... pour une baladine !

RUY-BLAG.

Mais allez donc vous-en !

Prenant la lettre.

Oh ! menteuse ! oh ! gredine !...

Il la déchire.

LA REINE.

Vous aurait-on sur moi conté quelque cancan ?

RUY-BLAG.

On vous aime toujours !—Mais fichez donc le camp !

LA REINE, *résolument.*

On te battrait... je reste.

RUY-BLAG.

Quelle mule espagnole !
Vous restez ! Eh bien donc, dansons la carmagnole !
Mais qui t'a fait entrer ?

LA REINE,

Espèce de mouchard.

Il avait un faux nez !

L'orchestre joue l'air : C'est le Solitaire.

DON SALLUSTE, *masqué, paraît.*

Voilà !

RUY-BLAG.

Va-t'en !

DON SALLUSTE.

Trop tard !

LA REINE.

Don Guguste, grand Dieu !

DON SALLUSTE.

Du trône on vous culbute,
Et pour vous l'annoncer vers vous on me députe.
Vous aurez un bureau de débit de tabac
D'Espagne.

LA REINE.

Que dit-il ? Quel est donc ce mic-mac ?

DON SALLUSTE.

Votre mari divorce.

LA REINE.

Oh ! mais monsieur divague !

DON SALLUSTE.

Vous pourrez vous nommer madame de Ruy-Blague.
Un fiacre vous attend, j'ai payé le cocher.
Signez donc ce papier ; puis, allez vous cacher !
Il vous donne un amant superbe, magnifique.

RUY-BLAG, *s'avançant et arrachant le papier.*

Je m'appelle Ruy-Blag... cuisinier, domestique.

LA REINE.

Lui, c'est un domestique ?

RUY-BLAG.

Oui, j'ai l'air, ô horreur !
Du valet de carreau ; mais je suis roi de cœur !

LA REINE.

Est-ce un jeu ?

RUY-BLAG.

Très-vilain ! car, vous pouvez m'en croire,
Moi, mon habit est rouge, et lui, son âme est noire.

DON SALLUSTE.

Silence, ou je vous chasse ! A quoi bon le nier ?
Oui, ma Lelle, cet homme était mon cuisinier.
Pour un enfant de fait, l'an dernier, en septembre,
Vous vouliez me donner votre femme de chambre.
Je vous paie un valet !... Ah ! vous m'avez vexé ?
Mais, moi, je vous défrise ! Ah ! vous m'avez cassé ?
Moi, je vous démolis ! Je suis homme de tête !

Mais vous n'y pensiez plus, n'est-ce pas, grosse
[bête !
RUY-BLAG, *qui pendant ce temps lui a tiré sa canne
de dessous le bras.*
Je crois que vous venez de lui dire un gros mot !
Don Salluste va pour s'enfuir.
Ne vous dérangez pas, j'ai mis le loquetot !
Mon vieux, le diable était, je le crois dans ta manche;
Mais aujourd'hui, vois-tu, ton maillet se démanche.
A mon tour ! la cravache écrase l'étalon.
On fouette un roquet s'il vous mord le talon.
Personne ne viendra. Crier est inutile,
Pas même le portier, il est sergent de ville.
Je te tiens dans ma griffe, et je vais t'en donner.
Ah ! monsieur badinait ! moi je vais bâtonner !

LA REINE.
Du moins pas devant moi, non, non; je lui par-
[donne.

RUY-BLAG.
Ah ! gueux ! ah ! chenapan ! Non, vous êtes trop
[bonne.
Ici comme un lapin je prétends l'écorcher !
— Tiens ! j'étais cuisinier, je puis être boucher !

DON SALLUSTE, *avec rage, se fouillant.*
Ni couteau ni canif !... une planche, une latte !

RUY-BLAG, *raillant.*
C'est ça ! pour que monsieur mon cher maître me
[batte !

DON SALLUSTE, *courant.*
Quoi ! pas un commissaire !

RUY-BLAG.
Et pas même un greffier !

DON SALLUSTE.
Que faire... que veux-tu ?

RUY-BLAG.
Je veux t'escoffier !

DON SALLUSTE.
A la garde ! au voleur !

RUY-BLAG.
Oh ! méchante vermine !
Mais, lâche ! arrive donc, et que je t'extermine !

*Il le poursuit, et ils sortent par la droite. Silence. Musique :
M. Malbroug est mort, en sourdine. Ruy-Blag rentre
la figure toute blanche; montrant la canne qu'il jette.*

Il est toisé, ma belle.

LA REINE.
Assez causé.

RUY-BLAG.
De grâce !
Je suis honnête au fond... vous faites la grimace.
J'ai pourtant quelque chose à vous communiquer.
J'ai l'air d'un va-nu-pied... mais je vas t'expliquer.

LA REINE.
Ah ! plus loin !

RUY-BLAG, *reculant trois pas.*
Est-ce bien? j'observe les distances.
C'est égal, je t'aimas !

LA REINE.
Vous prenez des licences !

RUY-BLAG, *d'un ton câlin.*
Faisez une risette, et puis un beau pardon !

LA REINE.
Plus souvent !

RUY-BLAG.
Si c'est vrai !

LA REINE.
Jamés !

RUY-BLAS.
Il prend une pilule.
Eh bien ! c'est bon !
Lui tendant la main.
Bonsoir !

LA REINE, *éperdue.*
Qu'as-tu pris?

RUY-BLAG.
Oh ! c'est bon pour la colique !

LA REINE.
Grand Dieu ! ne pas avoir un seul grain d'émétique !
Ou d'ipécacuanha !

RUY-BLAG.
Vrai ! je ne prendrais rien !

LA REINE.
Hélas ! il tourne l'œil.

RUY-BLAG, *affaibli.*
Ça fait dormir si bien !

LA REINE.
Ayez donc un amant ! hein ! c'était bien la peine !

RUY-BLAG, *dans le délire, chante.*
J'avais aimé ma reine...
Mironton... mironton... mirontaine...
Je vais passer la Seine...
Dans la barque à Caron !...

LA REINE, *effrayée, émue, et le prenant dans ses bras.*
Ne dis plus de bétise, allons !

RUY-BLAG, *rouvrant les yeux.*
Tu me pardonnes?

LA REINE.
Voui, je t'aime !

RUY-BLAG.
Pourtant, adieu, tu m'empoisonnes ?

LA REINE.
Reviens, et pour toujours, je t'aime, à l'avenir;
Tends-tu? toujours !

RUY-BLAG.
Merci ! ça me me fait grand plaisir !

*Il tombe, se relève, fait les trois saluts, et sort avec la
reine.*

FIN DE LA PARODIE.

LE PUFF.
Ah ! j'en suis attendri... mais passons à d'autres,
s'il vous plaît.

SCENE XI.

L'ANNONCE, LE PUFF.

L'ANNONCE.

Monsieur le Puff, voulez-vous recevoir le temple de Momus?

LE PUFF.

Le temple de Momus?... connais pas.

L'ANNONCE.

Vous ne connaissez pas... le théâtre des Variétés, boulevart Montmartre, n° 15, au rez-de-chaussée?

LE PUFF.

Fais entrer le Théâtre des Variétés.

L'Annonce introduit Ramalingan, deux autres Indiens et la bayadère Amany, qui exécutent un concert harmonieux et un ballet ravissant. Après le billet ils sortent tous quatre.

L'ANNONCE.

Mademoiselle Amany!... — L'on ne peut pas vous recevoir; je vous dis que vous ne pouvez pas entrer ainsi, c'est inutile de vous entêter.

LE PUFF.

A qui en as-tu donc?

L'ANNONCE.

Il n'y a pas moyen, vous ne sauriez où le mettre... c'est la Madeleine, monsieur, la Madeleine, qui arrive de son pied léger... disant qu'elle est un jeune monument de cette année, et qu'elle a des droits.

LE PUFF.

Je lui conseille... parce qu'elle a voulu être le temple de la Gloire... elle s'est faite religieuse... qu'elle aille se repentir de toutes les fautes qu'on lui reproche.

L'ANNONCE.

Par exemple, il y a encore des visites que vous ne pouvez pas vous dispenser de recevoir... c'est les statues à la mode, les nouvelles qui envoient une députation de la place Louis XV, parce qu'elles ont su que vous devez statuer.

LE PUFF.

Ah! les statues des différentes villes... comment donc, elles se sont déplacées?... qu'elles ne prennent pas la peine de monter, courons au-devant d'elles.·. j'ai besoin de me mettre bien avec les départemens.

Ils sortent.

Troisième Tableau.

Un jardin. On voit les quatre statues placées dans l'ordre suivant : Strasbourg, Rouen, Bordeaux, Marseille.

SCENE PREMIERE.

LE PUFF, L'ANNONCE.

L'orchestre joue l'air : Mon petit François.

L'ANNONCE.

Mon *petit François...* toi vouloir une Alsacienne... Ah! c'est la Ville de Strasbourg.

LE PUFF.

La Ville de Strasbourg?

L'orchestre joue l'air : Je vais revoir ma Normandie.

L'ANNONCE.

Je vais revoir ma Normandie... La Ville de Rouen.

LE PUFF.

La Ville de Rouen?

L'orchestre joue l'air : Des bords de la Garonne à Paris revenant.

L'ANNONCE.

Des bords de la Garonne à Paris revenant... La Ville de Bordeaux.

LE PUFF.

Bordeaux !

L'orchestre joue l'air de la Marseillaise.

L'ANNONCE.

La Marseillaise!

LE PUFF.

La Ville de Marseille!... Voilà de très-belles femmes, bien blanches... un peu froides...

L'ANNONCE.

Attendez, ce n'est pas tout... (*Annonçant à haute voix.*) La Statue du grand Molière!

LE PUFF.

Oh!

Arrive un homme dans une boîte; cette boîte carrée figure un poteau de sept à huit pieds de hauteur, comme ceux que l'on met près des travaux de démolition ; il porte une enseigne sur laquelle on lit en haut : STATUE DE MOLIÈRE, et plus bas, à hauteur ordinaire, un tronc est attaché au poteau ; au-dessus on lit : Tronc pour les pauvres, donnez un sou, S. V. P.

L'ANNONCE.

Ah ! ah ! ah ! Le Puff n'est pas mauvais...

LE PUFF.

Mais qu'est-ce qu'il vient chercher ici?

Air : Povero Calpigi, je suis né natif de Ferrare.

Sur la gloire, en France, on se blase:

Comme dit *Clairon*, du Gymnase.
Mon vieux, les comédiens français,
Avec l'argent de tes succès,
Doivent se cotiser exprès
Pour t'élever une statue...
Un beau monument

L'ANNONCE.

Dans la rue?...

LE PUFF.

Non, dans leur cœur... pas en plein air...
C'est plus noble... et puis c'est moins cher !

Allez, mon bon homme, allez, on ne peut rien vous faire...

RACINE, *reparaissant et entrant vivement.*

Qu'ai-je entendu?... Arrêtez! mon grand Molière!... mon premier maître, toi, qui m'as donné le plan de la Thébaïde et trente louis pour que je pusse y travailler, je t'abandonnerais!... toi, qui as trouvé ma première tragédie mauvaise! accepte le tribut de ma reconnaissance.

Il met sa bourse dans le tronc.

Air *du vaudeville de la Robe et des Bottes.*

Toujours on outragea Molière !...
Sans monument il peut vivre immortel :
C'est le soleil qui toujours nous éclaire,
Et qui pourtant n'a point d'autel.
On en élève au grand guerrier qui tue...
A des tyrans on sut bien en dresser,
Et tant de sots font faire leurs statues...
Molière peut bien s'en passer !

Il sort.

LE PUFF.

A présent que vous avez étrenné, allez-vous-en. (*Le poteau se retourne tout d'une pièce, et on lit sur le derrière : Aux grands hommes la patrie reconnaissante. Aux statues.*) Et vous aussi, mesdames, allez, sortez !

Les statues s'agitent toutes d'un mouvement semblable. Ici tam-tam et l'horloge qui sonne minuit. Musique de Don Juan, marche de la statue du Commandeur. Les quatre villes descendent de leurs piédestaux, et d'un pas égal elles s'avancent, menaçantes, vers le Puff, qui commence à trembler.

LES STATUES, *toutes le bras en l'air.*

AIR *de la Marseillaise.*

Entendez-vous minuit qui sonne?...

LE PUFF.

Minuit!... qu'allons-nous devenir?...

LES STATUES.

La nouvelle année en personne
Accourt ici pour te punir,
Ton règne va bientôt finir !

ENSEMBLE.

LE PUFF.

Eh quoi! ma Blague et ma Réclame
Tomberont dans l'obscurité,
Et mourront sans postérité !...
De douleur, ô ciel ! je me pâme !

LES STATUES.

Bientôt ta Blague et ta Réclame
Tomberont dans l'obscurité,
Et mourront sans postérité...
De douleur en vain il se pâme !

LES STATUES, *seules.*

Vengeance, chères sœurs, au cri de liberté,
Courons, marchons,
A bas le Puff!... sauvons la Vérité.

Ici tous les acteurs de la pièce entrent de différens côtés.

LES STATUES, *aux personnages qui sont entrés.*

Emparez-vous de lui ; qu'il soit enfoncé dans le puits de Saint-Pétrin.

LE PUFF.

Moi!... moi!... m'enfoncer !...

LA RÉCLAME.

Laissez-vous faire, papa ; vous tomberez sur la tête de la Vérité, et vous l'empêcherez d'en sortir...

LE PUFF.

Excellente idée... elle ne s'en relèvera pas.

On entraîne le Puff et on le jette dans le puits de Saint-Pétrin. En ce moment le théâtre change, les piédestaux disparaissent. On voit au fond un petit temple transparent et éclatant de richesse et de lumière; sur le fronton on lit : A LA VÉRITÉ. Elle-même en sort vêtue comme un génie, en costume blanc; elle tient son miroir à la main.

CHOEUR.

Air : *Triomphe de la Muette.*

Chantons notre victoire
Sur le Puff effronté,
Et dans ce jour de gloire,
Fêtons, fêtons la Vérité.

REPRISE.

VAUDEVILLE FINAL.

PREMIER COUPLET.

LA VÉRITÉ.

Air : *As-tu vu la lune, Jean.*

Que de Puffs nous avons vus
  Cette année en France ! } bis.
L'an prochain n'en verra plus ;
  Vivons d'espérance. } bis.

DEUXIÈME COUPLET.

L'INGÉNIEUX.

On lit sur des chars roulans :
  Vins d'propriétaire !
Les actions sont d'vingt francs;
  Les vins ne le sont guère.

TROISIÈME COUPLET.

L'INVALIDE.

N' pouvant se fair' détrôner,
  L' duc de Normandie
S' fait, dit-on, assassiner !
  Pour gagner sa vie.

QUATRIÈME COUPLET.

BABEL.

On porte turbans et burnouss,
  Mod's mahométanes;
Les hommes se font Turcs chez nous,
  Faisons-nous sultanes.

CINQUIÈME COUPLET.
L'ANNONCE.

Dans nos restaurans nouveaux
Quell' richesse extrême !
Par malheur leurs fricandeaux
Sont toujours de même.

SIXIÈME COUPLET.
LE BRASSEUR.

En Franc' par un Piémontais
L'oreille est ravie ,
Et *Nourrit*, en bon français,
Conquiert l'Italie.

SEPTIÈME COUPLET.
LA RÉCLAME.

Les gens d' lettres en crédit
Veul'nt qu'une foi dise
Qu'on n' doit pas prendr' leur esprit...
C'est un' bonn' bêtise.

HUITIÈME COUPLET.
RACINE.

Brasier n'est plus aujourd'hui,
La chanson expire!
Donnons un' larme à celui
Qui nous fit tant rire.

NEUVIÈME COUPLET.
L'ANNONCE.

Que d'acteurs font aujourd'hui,
Quel orgueil extrême !
Comm' les chevaux d' Franconi,
Qui s'couronn'nt eux-même !

On entend un roulement funèbre.

DIXIÈME COUPLET.
L'INGÉNIEUX , *écoutant.*

A ce roul'ment répété
Qu'est-c' donc qui trépasse?...
De la Popularité
C'est l' convoi qui passe.

ONZIÈME COUPLET.
LA BAYADÈRE.

Panigod, Salamulek...
Messieurs, ça veut dire :
J' vous souhaite bien l' boursoir,
Et la bonne année!

DOUZIÈME COUPLET.
RUY-BLAG.

Les sing's veul'nt se fair' des noms
Même dans les coulisses;
V'là mesdames les guenons
Qui se font actrices.

TREIZIÈME COUPLET.
LE PUFF, *reparaissant par le trou du souffleur.*

Je respire encor... aïe ! ouf !
Romains du parterre,
Soyez défenseurs du Pouff,
Sauvez votre frère !

QUATORZIÈME COUPLET.
LA VÉRITÉ, *au public.*

A l'auteur j'ai raconté
Son succès en songe,
Empêchez la Vérité
De dire un mensonge.

9 782016 191811